Uschi Wieck

Das große Buch der Serviettentechnik

Uschi Wieck

Das große Buch der Serviettentechnik

AUGUSTUS

Inhalt

Vorwort

Ob duftige Blüten, fetzige Teddy-
bären, stimmungsvolle Weihnachts-
motive – das Angebot an Servietten
ist riesengroß und vielseitig. Und
wem diese Vielfalt immer noch nicht
ausreicht, der kann mittlerweile
sogar sein Lieblingsfoto auf eine
Serviette prägen lassen (Angabe
dazu siehe Seite 64).

Wer schon einmal die Serviettentechnik angewendet hat, weiß,
dass damit fast jeder Untergrund
aufgepeppt werden kann. In diesem
Buch finden Sie jede Menge Ideen,
wie Sie mit Servietten Gegenstände
aus Styropor, Glas, Blech, Holz,
Porzellan, Stoff und anderen Materialien verschönern können.

Der Aufwand ist minimal, das
Ergebnis umso verblüffender. Die
Grundtechnik bleibt immer die-
selbe. Es werden bei verschiedenen
Materialien lediglich unterschied-
liche Lacke verwendet.

Und nun viel Spaß beim Aussuchen
und Verzieren!

Ihre
Uschi Wieck

Material und Hilfsmittel

Sie können für die hier vorgestellten Objekte Farben bzw. Lacke unterschiedlicher Hersteller verwenden. Bitte beachten Sie immer die jeweiligen Hinweise auf den Tuben und Gläsern.

Material

- ❖ Papierservietten Ihrer Wahl
- ❖ transparenter Lack auf Wasserbasis (z.B. aqua-Lack oder aqua-Mattlack der Firma Marabu)
- ❖ Reißlack zum Krakelieren
- ❖ Porzellan-Medium
- ❖ Textil-Medium
- ❖ Bastelfarbe (z.B. Decormatt der Firma Marabu)
- ❖ weißes Papier (80–100 g/m²)
- ❖ Silikon-Fugendicht, transparent und geruchsneutral (in Baumärkten erhältlich)
- ❖ an der Luft härtende Modelliermasse (z.B. Keramikplast light der Firma Lyra)
- ❖ Windradfolie
- ❖ Lamitex-Folie (Bügelfolie mit rauer Unterseite)
- ❖ Window Color in Kristallklar und Weiß
- ❖ Fun Liner Magic (z.B. Firma Marabu)
- ❖ Fun Liner Glitter (z.B. Firma Marabu)

Hilfsmittel

- ❖ Papierschere
- ❖ Schwammpinsel bzw. Schwamm
- ❖ Synthetikpinsel
- ❖ Küchenkrepppapier
- ❖ Plastikspritze (um das Silikon aufzutragen; in Apotheken erhältlich)

- ❖ Bügeleisen
- ❖ Backpapier
- ❖ Baumwolltuch
- ❖ Plastikfolie (zum Abdecken der Arbeitsfläche)
- ❖ Zahnstocher
- ❖ Heißklebepistole
- ❖ Steinbohrer

Hinweis: Die für alle Arbeiten benötigten Hilfsmittel (wie Schere, Pinsel, Schwamm usw.) werden bei den Motiven nicht mehr einzeln aufgelistet.

Tipp

Nach Benützung die Pinsel immer sofort in Wasser auswaschen.

Techniken

Grundtechnik

Grundieren Sie den Gegenstand zunächst mit Bastelfarbe. Warten Sie die auf der Gebrauchsanleitung angegebene Trocknungszeit ab oder föhnen Sie Ihr Modell.

Als Nächstes schneiden oder reißen Sie das gewählte Motiv aus der entsprechenden Serviette aus und lösen die oberste Papierschicht vorsichtig ab.

Legen Sie Ihr Motiv auf das Modell, halten Sie es mit dem Zeigefinger ein wenig fest

und tragen Sie mit einem weichen Pinsel von der Mitte aus Lack auf. Streichen Sie nicht zu oft und zu stark über das feuchte Motiv – es könnte reißen.

Einzelne Unebenheiten streichen Sie mit dem Pinsel glatt. Gibt es kleine Falten, heben Sie die Serviette leicht an und streichen mit dem Pinsel darüber.

Lassen Sie Ihr Modell gut trocknen.

Bügeltechnik

Die Textilien (Leinen, Baumwoll- und Mischgewebe mit bis zu 20% Kunstfaseranteil) waschen (ohne Weichspüler!), damit keine Appreturschicht mehr an ihnen haftet. Nur so kann das Textil-Medium aufgenommen werden.

Bevor Sie nun das Modell großflächig mit Textil-Medium einstreichen, legen Sie zwischen die Stoffschichten bzw. unter den Stoff eine Folie zum Schutz der Arbeitsfläche (keine Pappe – sie könnte abfärben).

Tragen Sie das Medium bis ungefähr 1 cm über den Rand des später zu platzierenden Serviettenmotivs auf. Es hinterlässt keine Flecken.

Als Nächstes legen Sie die oberste abgetrennte Lage Ihres Serviettenmotivs direkt auf den

Krakeliertechnik

Mit der Krakeliertechnik, bei der eine Farbschicht aufreißt, bewirken Sie einen dekorativen Antik-Effekt.

Zunächst grundieren Sie Ihr Modell mit einer dunklen Bastelfarbe und lassen es anschlie-

ßend trocknen. Sie können die Farbe auch trockenföhnen. Danach streichen Sie den Reißlack über Ihr Modell. Die Schicht an der Luft trocknen lassen oder fohnen.

Als Nächstes entweder eine hellere Bastelfarbe mit dem Pinsel zügig auftragen (nur in eine Richtung, sonst wird der Reiß-Effekt zerstört) oder mit einem kleinen Schwamm großzügig über das Modell tupfen. Mehr Farbauftrag bewirkt große Risse, wenig Farbauftrag bewirkt zarte Risse.

Bei fertigen Modellen (z.B. farbigen Keramiktöpfen) müssen Sie keine Untergrundfarbe auftragen. Sie können den Gegenstand sofort mit Reißlack überziehen.

Tipp

Für das Ablösen der Serviette von kleinen Gegenständen eignet sich Tesa Film besonders gut.

feuchten Stoff und drücken sie etwas an (mit dem Pinsel oder ganz einfach mit dem Finger). Jetzt überziehen Sie das Motiv wieder über den Rand hinaus mit Textil-Medium und lassen es trocknen.

Danach decken Sie den Stoff mit einem dünnen Baumwolltuch ab und bügeln ihn etwa drei Minuten bei Baumwolltemperatur. Waschen Sie den Stoff später nur von Hand mit einem Feinwaschmittel – nicht schleudern. Den Stoff dann von links bügeln. Sollten sich einmal die Serviettenränder lösen, kleben Sie diese wieder mit Textil-Medium an.

Porzellan, Glas, Servietten oder Keramik für diese Technik verwenden. Die Gegenstände müssen staub- und fettfrei sein.

Legen Sie die oberste Lage des ausgeschnittenen Serviettenmotivs auf Ihr Modell und streichen Sie es von der Mitte ausgehend mit Porzellan-Medium ein (nicht unterlacken!).

Die Ränder der Serviette mit etwas mehr Lack versehen. Ihr Modell lassen Sie nun mindestens vier Stunden trocknen (in diesem Fall nicht trockenföhnen). Danach stellen Sie es in den bei 170° C vorgeheizten Backofen und brennen es 30 Minuten lang ein. Das Modell im Backofen auskühlen lassen. Es ist feucht abwischbar.

3-D-Effekt durch Modelliertechnik

Einbrenn- technik

Es gibt verschiedene Hersteller, die für die Einbrenntechnik mit Servietten Porzellanlacke mit anbieten. Bitte beachten Sie jeweils die genaue Gebrauchsanleitung. Sie können

Platzieren Sie das Motiv (wieder nur die oberste Serviettenschicht verwenden) auf dem entsprechenden Untergrund und überziehen Sie es anschließend vorsichtig mit transparentem Klarlack auf Wasserbasis. Lassen Sie die Arbeit eine Zeit lang trocknen, bis Sie mit dem Modellieren beginnen. Es gibt zwei Möglichkeiten, mit der Modelliermasse umzugehen.

1. Möglichkeit: Rollen Sie die Modelliermasse etwa 2 mm dick aus – z.B. mit Hilfe eines

runden Bleistifts o.Ä. Schneiden Sie aus einer zweiten Serviette die Teile, die Sie plastisch erhöhen möchten. Diese legen Sie auf die Modelliermasse und überziehen sie mit transparentem Klarlack. Das Ganze etwas antrocknen lassen. Die Modelliermasse muss jedoch noch schneid- und formbar sein. Als Nächstes mit einer Schere oder einem Messer das Motiv ausschneiden. Legen Sie das modellierte Teil auf die zuvor etwas angelackte Basisserviette und formen Sie es nach Wunsch. Anschließend überziehen Sie es mit Klarlack.

2. Möglichkeit: Legen Sie kleine Stücke der Modelliermasse bereit und kneten Sie diese durch. Geben Sie die Modellierstücke auf jene Stellen der Serviette, die später plastisch hervortreten sollen. Dann schneiden oder reißen Sie aus einer zweiten Serviette die Motivteile aus, die Sie erhöhen wollen, und legen diese auf die Modellierstücke. Streichen Sie mit einem Synthetikpinsel Klarlack über die Serviettenteile und lassen Sie die diesen etwa 20 Minuten trocknen. Danach formen Sie mit den Händen bzw. einem Holzlöffel o. Ä. Höhen und Tiefen heraus. Wenn es sich um einen Gegenstand handelt, der wasserbeständig sein soll, überziehen Sie die Modelliermasse mit einer weiteren Lackschicht.

Tipp

Noch sichtbare Modelliermasse entfernen Sie mit einem Zahnstocher.

3-D-Effekt durch Schichttechnik

Grundieren Sie zunächst mehrere Blätter weißes Papier großzügig mit Klarlack und lassen Sie diese etwa 20 Minuten trocknen.

Schneiden Sie als Nächstes aus der Serviette das ausgemessene Grundmotiv (einen 1 cm großen Rand zugeben) aus und danach die Einzelmotive, die Sie später hervorheben wollen. Letztere können Sie auch ausreißen.

Nehmen Sie nun die oberste bedruckte Lage des Grundmotivs ab. Legen Sie diese plan auf das Papier. Mit Backpapier abdecken und vorsichtig in eine Richtung darüber bügeln (Baumwolleinstellung). Durch die Hitze verbindet sich die Serviette mit dem Papier darunter. Auf diesem Basisbild werden später die Details aufgebaut. Wiederholen Sie den Bügelvorgang mit allen Motivteilen Ihrer Serviette.

Jetzt wird mit der 3-D-Technik begonnen. Schneiden Sie mit einer kleinen Papierschere die aufgebügelten Einzelmotive aus und füllen Sie die Silikonmasse in eine Plastikspritze. Suchen Sie auf dem Basisbild nach Stellen, die besonders gut erhaben wirken. Nun punktuell auf die Motive Silikon auftragen (die Menge hängt von der gewünschten Höhe ab). Dann legen Sie eines der vorbereiteten Motivteile auf das Silikon. Bauen Sie auf diese Weise noch weitere Schichten auf, bis das Gesamtbild den gewünschten 3-D-Effekt zeigt.

Tipp

Transparentes Silikon hinterlässt keine Flecken. Es ist daher für kleine hervorzuhebende Teile bestens geeignet.

Window-Color-Technik

Sie können die Serviettentechnik auch sehr effektvoll mit der Window-Color-Technik verbinden.

Überziehen Sie eine Folie mit einer dünnen Schicht Window-Color-Farbe in Kristallklar. Mit einer alten Telefonkarte oder einem ähnlichen Gegenstand ziehen Sie anschließend die Schicht gerade.

Nach etwa 20 Minuten Wartezeit legen Sie die ausgeschnittenen Serviettenmotive (oberste Lage) plan auf die leicht angetrocknete Fläche. Eventuelle, nicht gewünschte Falten lassen sich in diesem Stadium leicht auseinander ziehen.

Nun folgt eine weitere Schicht mit Kristallklar. Auch diese Schicht ziehen Sie gerade und lassen die Window-Color-Farbe 24 Stunden trocknen.

Lösen Sie das Motiv von der Folie. Es ist jetzt zwischen zwei Lagen Kristallklar gebettet.

Schneiden Sie das Motiv aus und fixieren Sie es auf dem gewünschten Untergrund.

Verliebte Frösche

Das wird gebraucht

- ❖ Holzrahmen
- ❖ Bastelfarbe in Mittelblau
- ❖ 4 Servietten mit Froschmotiv
- ❖ transparenter Mattlack auf Wasserbasis
- ❖ weißes Papier (100 g/m²)
- ❖ Backpapier
- ❖ Silikon
- ❖ Fun Liner Magic in Gelb und Weiß

So wird's gemacht

Zuerst malen Sie den Rahmen an. Sie können ihn aber auch schon fertig im Hobbyhandel erwerben. Dann gehen Sie vor, wie bei der Schichttechnik auf Seite 9 beschrieben.

Zum Schluss noch mit dem Fun Liner Magic kleine Tupfen auf das Bild setzen und einige Blumen auf dem Rand platzieren. Der Liner muss sechs Stunden trocknen. Er eignet sich hervorragend für 3-D-Motive.

Dekorationsideen rund um die Irisblüte

Lampenschirm

Das wird gebraucht

❖ Lampenschirm
❖ 3 Servietten mit Irismotiv
❖ Modelliermasse
❖ transparenter Mattlack auf Wasserbasis

Tipps

Die Modelliermasse etwas kleiner schneiden als die Serviette. So kann die Serviette leichter über den Rand hinaus mit Lack befestigt werden.

Eventuelle weiße Stellen übermalen Sie nach der Trocknungszeit mit Bastelfarbe. Falls das Ergebnis nicht ganz Ihren Vorstellungen entspricht, nehmen Sie einfach einen Teil einer anderen Blütenserviette zum Ausbessern dazu.

So wird's gemacht

Serviettenmotive mehrfach ausschneiden und beide unteren Papierschichten entfernen. Die Basisserviette wird mit Mattlack auf dem Lampenschirm aufgetragen. Lassen Sie das Modell anschließend trocknen.

Die einzelnen Blütenblätter auf die ausgerollte Modelliermasse legen und ausschneiden (siehe Modelliertechnik auf Seite 8). Jedes Blatt muss von zwei Seiten mit dem Blütenmotiv belegt werden. Das Blatt in die gewünschte Form bringen und die später nicht sichtbare Seite mit Lack überziehen. Trocknen lassen.

Als Nächstes bestreichen Sie das Basismodell mit Lack und befestigen das 3-D-Blatt auf dem Lampenschirm. Leicht andrücken, z.B. mit dem Pinselstiel. Noch einmal mit den Händen nachformen und von vorn auch diese Seite mit Lack überziehen.

Teller

Das wird gebraucht
- ❖ Teller
- ❖ Keramikfarbe in Rosa und Lila
- ❖ 3 Servietten mit Irismotiv
- ❖ Porzellan-Medium

So wird's gemacht

Zuerst den sauberen, fettfreien Tellerrand mit Keramikfarbe versehen und etwa vier Stunden trocknen lassen. Stellen Sie den Teller anschließend in den kalten Backofen und lassen Sie die Farbe bei 170° C etwa 30 Minuten einbrennen. Den Teller im Backofen erkalten lassen.

Mehrere Serviettenmotive exakt ausschneiden, die obere Schicht abnehmen und auf dem Teller mit Porzellan-Medium fixieren (siehe Einbrenntechnik auf Seite 8). Nach einer Trocknungszeit von etwa vier Stunden

stellen Sie den Teller erneut in den Backofen und lassen die Motive bei 170° C etwa 30 Minuten einbrennen. Danach im geschlossenen Backofen auskühlen lassen.

Vase

Das wird gebraucht
- ❖ Vase
- ❖ Serviette mit Irismotiv
- ❖ Porzellan-Medium

So wird's gemacht

Verfahren Sie, wie beim Teller oben angegeben.

Tischdecke

Das wird gebraucht

❖ Tischdecke
❖ 2 Servietten mit Irismotiv
❖ Textil-Medium
❖ Plastikfolie
❖ Baumwolltuch

So wird's gemacht

Bevor Sie die Decke mit dem Irismotiv verzieren, müssen Sie die Appretur durch Waschen entfernen. Nachdem Sie die Tischdecke gebügelt haben, decken Sie Ihren Arbeitsplatz mit einer Plastikfolie ab und legen den Stoff darauf. (Diese Maßnahme ist wichtig, weil das Textil-Medium durch den Stoff dringt.)

Nun schneiden Sie die Irismotive exakt aus der Serviette und stellen die gewünschte Gruppierung zusammen. Das Textil-Medium großflächig und satt mit einem weichen Pinsel auf die vorgesehenen Stellen auftragen. Die Grundierung muss etwa 1 cm über das später aufzutragende Serviettenmotiv reichen.

Lösen Sie die oberste Lage der Serviette ab, legen Sie diese direkt auf den feuchten Stoff und drücken Sie das Serviettenmotiv etwas an. Überziehen Sie nun das Motiv mit Textil-Medium. Dabei immer von der Mitte des Motivs zum Rand hin arbeiten.

Nach der Trocknungszeit wird der Stoff mit einem dünnen Baumwolltuch abgedeckt und etwa drei Minuten bei Baumwolltemperatur gebügelt. Mit dieser Technik bearbeitete Textilien sind waschbar (Handwäsche und Feinwaschmittel).

Tipp

Sollten die Serviettenränder sich beim Waschen lösen, kleben Sie diese wieder mit Textil-Medium an.

Tontöpfe mit Frühlingsmotiven

Magnolien-topf

Das wird gebraucht

- ❖ Tontopf
- ❖ Bastelfarbe in Vanille und Beige
- ❖ Serviette mit Magnolienmotiv
- ❖ transparenter Klarlack auf Wasserbasis
- ❖ evtl. Glitter in Silber

So wird's gemacht

Malen Sie den Tontopf nach Ihrer Vorstel-
lung und zum Serviettenmotiv passend an.
Lassen Sie die Farbe trocknen.

Als Nächstes schneiden Sie das Serviettenmotiv aus und fixieren die oberste Lage mit
Hilfe von Klarlack und einem weichen Pinsel
von der Mitte aus auf dem Topf (siehe Grundtechnik auf Seite 7). Da das Serviettenpapier
hauchdünn ist, von oben den Lack auftragen,
damit das Motiv nicht zerstört wird. Jetzt
trocknen lassen. Danach lacken Sie außen
den gesamten Topf. In den feuchten Lack
streuen Sie je nach Jahreszeit z.B. Glitter in
Silber.

Tipp

Verzieren Sie den Topf doch mal mit einer
Schleife.

Primeltopf

Das wird gebraucht

❖ Tontopf

❖ Bastelfarbe in Weiß und Gelb

❖ 2 Servietten mit Primelmotiv

❖ transparenter Mattlack auf Wasserbasis

So wird's gemacht

Grundieren Sie den Tontopf mit einer
Mischung aus weißer und gelber Farbe.
Die Farbe trocknen lassen.

Inzwischen schneiden Sie die Blumen aus der
Papierserviette aus und lösen vorsichtig die
oberste Lage ab. Legen Sie diese auf den
Tontopf. Mit dem Daumen einer Hand halten
Sie die Papierlage ein wenig fest und streichen
mit einem weichen Pinsel vorsichtig Mattlack
über die Blumen. Dabei nicht in der Mitte
des Motivs beginnen, sondern von oben
nach unten lacken.

Glasteller zum Muttertag

Das wird gebraucht

❖ Glasteller
❖ Serviette mit Rosenmotiv
❖ Bastelfarbe in Weiß
❖ transparenter Klarlack auf Wasserbasis

So wird's gemacht

Da bei diesem Teller nur die Rückseite verziert wird, kann von ihm sogar gegessen werden. Allerdings darf er auf keinen Fall in der Geschirrspülmaschine gewaschen, sondern nur feucht abgewischt werden.

Die oberste Lage des Serviettenmotivs von hinten mit Klarlack auf dem Teller fixieren (siehe Grundtechnik auf Seite 7), trocknen lassen und mit weißer Bastelfarbe hintermalen. Nach der Trocknungszeit die Tellerrückseite mit Klarlack überziehen.

Tipp

Sie können die Serviette auch mit Porzellan-Medium auf dem Untergrund fixieren und einbrennen (siehe Anleitung auf Seite 8).

Duftiger Kerzenhalter

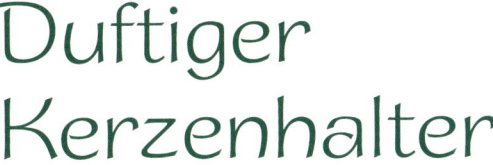

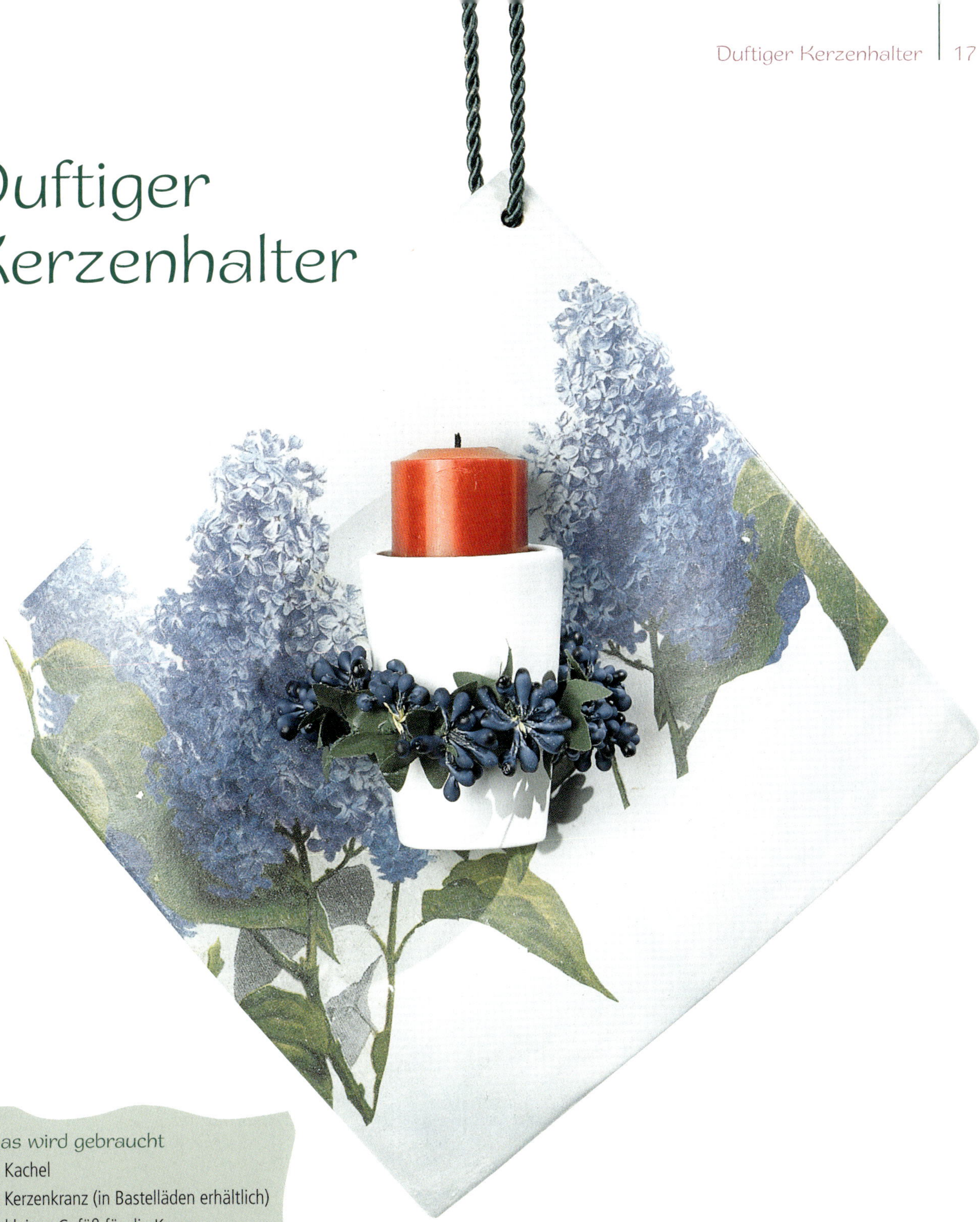

Das wird gebraucht

- Kachel
- Kerzenkranz (in Bastelläden erhältlich)
- kleines Gefäß für die Kerze
- Bastelfarbe nach Wahl
- Serviette mit Fliedermotiv
- transparenter Klarlack auf Wasserbasis
- Steinbohrer
- Fliesenkleber

So wird's gemacht

In die gefärbte Kachel mit einem Steinbohrer etwa in der Mitte zwei Löcher sowie oben für die Aufhängung ein Loch bohren. Die oberste Lage des Serviettenmotivs mit Lack fixieren. Nach dem Trocknen noch ein zweites Mal lackieren (siehe Grundtechnik auf Seite 7).

Die beiden Enden des Kerzenkranzes durch die zwei gebohrten Löcher stecken und das Gefäß für die Kerze hineinhängen.

Frühlings-frische

Das wird gebraucht

❖ Holzrahmen
❖ Bastelfarbe in Metallic-Flieder
❖ 3 Servietten mit Krokusmotiv
❖ Bogen Papier (80–100 g/m²)
❖ transparenter Klarlack auf Wasser-basis
❖ Silikon

So wird's gemacht

Malen Sie zunächst den Rahmen an. Die Krokusse werden in der Schichttechnik (siehe Seite 9) mit Silikon übereinander aufgebaut.

Tulpenserviette

Das wird gebraucht

❖ Stoffserviette
❖ Papierserviette mit Tulpenmotiv
❖ Textil-Medium
❖ Plastikfolie
❖ Baumwolltuch

So wird's gemacht

Die Stoffserviette zuerst waschen und bügeln. Legen Sie eine Plastikfolie auf Ihre Arbeitsfläche unter den Stoff. Streichen Sie das Textil-Medium großzügig auf den Stoff. Legen Sie anschließend die oberste Lage des Serviettenmotivs darauf, drücken Sie diese etwas an und fixieren Sie die Serviette mit Textil-Medium. Nach der Trocknungszeit mit einem dünnen Tuch abdecken und mit dem auf Baumwolltemperatur eingestellten Bügeleisen fixieren (siehe auch Bügeltechnik auf Seite 7).

Anziehende Stücke

Das wird gebraucht

❖ Polohemd oder T-Shirt
❖ Serviette nach Wahl
❖ Textil-Medium
❖ Fun Liner Magic in Grün, Blau und Rot
❖ Plastikfolie
❖ Baumwolltuch

So wird's gemacht

Das Hemd bzw. T-Shirt waschen und bügeln. Unter das zu bearbeitende Teil eine Plastikfolie legen. Textil-Medium großzügig mit einem weichen Pinsel auftragen. Das ausgeschnittene Serviettenmotiv (oberste Lage) auf den feuchten Stoff legen und etwas andrücken. Das Motiv etwa 1 cm über den Rand hinaus mit Textil-Medium einstreichen.

Das trockene Hemd (T-Shirt) von vorn unter einem dünnen Tuch drei Minuten lang bei Baumwolltemperatur bügeln (Handwäsche mit einem Feinwaschmittel möglich).

Mit dem Fun Liner Magic können Sie abschließend Details noch witzig hervorheben. Die Schicht mit einem leistungsstarken Föhn oder im Backofen etwa 20 Sekunden bei 150° C aufplustern.

Tipp

Verwenden Sie weiche Synthetik-Pinsel.

Vasen mit Pflanzenmotiven

Vase mit Rosenmotiv

Das wird gebraucht

- ❖ Weiße Vase
- ❖ Serviette mit blauem Rosenmotiv
- ❖ transparenter Klarlack auf Wasserbasis

So wird's gemacht

Die Rosen werden exakt aus der Serviette ausgeschnitten und die oberste Lage jeweils mit Klarlack auf dem Untergrund fixiert. Mit Daumen und Zeigefinger halten Sie die Serviette fest und lacken von der Mitte her Ihr Motiv an. Die Vase in diesem Fall nicht mit Lack vorgrundieren.

Vasen mit auffallendem Dekor

So wird's gemacht

Die Serviettenmotive ausschneiden und die obere Papierlage vorsichtig mit Mattlack auf der Vase fixieren. Halten Sie dabei die Serviette mit dem Daumen fest und lacken Sie diese nur senkrecht von oben. Die Serviette ist sehr dünn und somit kann der Lack sofort das ganze Papierstück durchdringen (siehe Grundtechnik auf Seite 9).

Fangen Sie mit dem Lackauftrag unten an der Vase an und arbeiten Sie dann Stück für Stück von unten nach oben. Nach der Trocknungszeit überziehen Sie die Vase noch einmal mit Mattlack.

Blechvase

Das wird gebraucht

❖ Blechvase
❖ Serviette mit Efeumotiv
❖ Reißlack
❖ Bastelfarbe in Vanille
❖ transparenter Klarlack auf Wasserbasis

So wird's gemacht

Streichen Sie auf den Blechuntergrund Reißlack. Nach der Trocknungszeit in einer Richtung zügig Farbe auftragen (nicht mehrmals darüber fahren, sonst nehmen Sie die Farbe wieder weg). Der Reiß-Effekt tritt sofort ein. Je dicker Sie die Farbe auftragen, umso größer sind die Risse.

Lassen Sie das Modell etwa eine Stunde trocknen und beginnen Sie dann mit der Grundtechnik (siehe Seite 7). Bei dem Efeu an einer Seite mit dem Lacken anfangen und den Pinsel immer von oben senkrecht aufsetzen. Nachdem Sie die Trocknungszeit abgewartet haben, überziehen Sie die Vase noch einmal ganz mit Lack.

Tipp

Um die Trocknungszeit zu verkürzen, können Sie den Reißlack auch trockenföhnen.

Urlaubserinnerungen

Das wird gebraucht

❖ Rahmen
❖ Bastelfarbe in Ultramarin und
   Hellblau
❖ 3 Servietten mit Maritimmotiv
❖ Bogen Papier (80–100 g/m²)

❖ transparenter Klarlack auf Wasser-
   basis
❖ Backpapier
❖ Silikon

So wird's gemacht

Den Rahmen mit Bastelfarbe bemalen. Nach
der Trocknungszeit den Rahmen mit einem
kleinen Schiff verzieren, welches vorher mit
Klarlack auf Pappe fixiert und gebügelt wurde.
Zum Schluss die Bilder mit Silikon übereinander schichten (siehe Anleitung Schichttechnik
auf Seite 9).

Dosen mit sommerlichen Motiven

Stranddose

Das wird gebraucht

- ❖ Ovale Styropordose
- ❖ Bastelfarbe in Blau, Weiß und Beige
- ❖ Serviette mit Muschelmotiv
- ❖ transparenter Klarlack auf Wasser-basis
- ❖ Modelliermasse
- ❖ Seesand

So wird's gemacht

Zuerst malen Sie Himmel und Strand auf. Dann schneiden Sie die Serviettenteile aus, nehmen die oberste Lage ab und fixieren die Muscheln mit Klarlack rund um die Dose. Alles trocknen lassen.

Rollen Sie die Modelliermasse aus, legen Sie die entsprechenden Serviettenteile auf die Modelliermasse und schneiden Sie die Motive sauber aus. Als Nächstes das Grundmotiv mit Hilfe von Klarlack auf dem Dosendeckel fixieren (siehe hierzu auch Modelliertechnik auf Seite 8).

Auf das Grundmotiv legen Sie das 3-D-Bild und überziehen dieses vorsichtig mit Lack. Dafür einen weichen Pinsel verwenden. Schaut noch etwas Modelliermasse heraus, entweder mit einem weichen Pinsel etwas Farbe auftupfen oder mit einem Zahnstocher o.Ä. die überschüssige Masse leicht runter-drücken und entfernen.

Lassen Sie das Modell trocknen. Danach alles mit Lack überziehen und in den feuchten Lack Seesand streuen.

Blumen-dose

So wird's gemacht

Zuerst malen Sie die Dose weiß an. Dann schneiden Sie die Serviettenteile aus und fixieren das Basismotiv mit Mattlack auf dem trockenen Dosendeckel (nur die oberste Lage der Serviette verwenden). Gut trocknen lassen.

Rollen Sie die Modelliermasse aus, legen Sie die entsprechenden Serviettenteile auf die Modelliermasse, lacken Sie diese an und schneiden Sie die Motive sauber aus (siehe hierzu auch Modelliertechnik auf Seite 8).

Nun die Blütenblätter einzeln auf das mit ein wenig Lack versehene Grundmotiv legen, etwas nachformen und das Ganze vorsichtig mit Lack überziehen. Dafür einen weichen Pinsel verwenden. Schaut noch etwas Modelliermasse heraus, entweder mit einem weichen Pinsel etwas Farbe auftupfen oder mit einem Zahnstocher o.Ä. die überschüssige Masse leicht runterdrücken und entfernen.

Tipp

Sie können in den noch feuchten Lack etwas Glitter streuen.

Tablett mit Margeriten

Das wird gebraucht

- Holztablett
- Bastelfarbe in Weiß und Dunkelblau
- 3 Servietten mit Margeritenmotiv
- Reißlack
- transparenter Klarlack auf Wasserbasis
- Klebestreifen
- Küchenkrepppapier
- Schwamm

So wird's gemacht

Das Tablett dunkelblau anmalen. Gut trocknen lassen.

Als Nächstes teilen Sie sich die gewünschte Serviettenfläche mit Klebestreifen ab. In diese Fläche Reißlack streichen und die Schicht föhnen bzw. mehrere Stunden trocknen lassen. Tupfen Sie den Schwamm in die Bastelfarbe (wenn der Schwamm zu viel Farbe auf-genommen hat, diesen kurz auf Küchenkrepppapier abstreifen) und drücken Sie ihn anschließend auf das Tablett. Gehen Sie zügig vor. Das Tablett gut trocknen lassen.

Die Klebestreifen abziehen und Grundtechnik anwenden (siehe Seite 8). Zum Schluss überziehen Sie das ganze Tablett mit Klarlack.

Tipp

Eine vom Haushaltsschwamm abgeschnittene Ecke eignet sich hervorragend zum Auftragen des Reißlacks.

Geschenkideen auf Glasuntergrund

Olivenflasche

auf das Grundolivenmotiv und überziehen Sie die Schicht mit etwas Lack. Nun schneiden Sie nochmals das gleiche Olivenmotiv aus, legen es auf die plastische Olive und überziehen das Ganze erneut mit Lack. Nach dem Trocknen können Sie die Flasche noch mit einem Olivenzweig dekorieren.

Das wird gebraucht

❖ Olivenölflasche
❖ Bastelfarbe in Schilf und Beige
❖ 2 Servietten mit Olivenmotiv
❖ transparenter Klarlack auf Wasserbasis
❖ Modelliermasse
❖ evtl. Olivenzweig

So wird's gemacht

Von der Olivenölflasche die Etiketten ablösen. Mit einem Schwamm tupfen Sie die Bastelfarbe in beliebiger Höhe auf. Dann schneiden Sie die Olivenmotive aus der Serviette und fixieren die oberste Lage auf der Flasche (siehe Grundtechnik auf Seite 7).

Als Nächstes formen Sie runde Bällchen aus Modelliermasse. Unterlacken Sie die Bällchen und drücken Sie diese

Erdbeer-glas

Das wird gebraucht

❖ Einweckglas o.Ä.
❖ Serviette mit Erdbeermotiv
❖ transparenter Klarlack auf Wasserbasis

So wird's gemacht

Fixieren Sie die oberste Lage der Serviette mit Klarlack auf dem Glas (siehe Grundtechnik auf Seite 7 und 3-D-Technik Seite 9) versehen Sie das Motiv nach dem Trocknen noch einmal mit einem Lackanstrich. Diese Schutzschicht ist wichtig, damit Sie den Gegenstand später feucht abwischen können, ohne das Motiv dabei zu zerstören.

Gläser-schmuck

Das wird gebraucht

❖ Beliebiges Glas
❖ Serviette mit Weihnachtsmotiv
❖ Folie
❖ Window-Color Kristallklar und Weiß

So wird's gemacht

Schneiden Sie die gewünschten Servietten-motive aus und bearbeiten Sie diese mit Window-Color (siehe Window-Color-Technik Seite 9). Wählen Sie den Untergrund in Weiß, wenn Sie die fertigen Window-Color-Motive auf einen dunkleren Untergrund setzen wollen.

Schachtel mit Rosenmotiv

Das wird gebraucht

❖ Schachtel
❖ 2 Servietten mit Rosenmotiv
❖ transparenter Mattlack auf Wasserbasis
❖ Modelliermasse

So wird's gemacht

Schneiden Sie zunächst die Serviette für den Deckel aus und fixieren Sie die oberste Lage mit Mattlack. Dabei von der Mitte her ausstreichen. Für das Unterteil werden die Rosen exakt ausgeschnitten und mit Lack fixiert.

Nun gestalten Sie Ihr Bild dreidimensional mit Modelliermasse (siehe Modelliertechnik auf Seite 8).

Cappuccino-Gedeck

Das wird gebraucht

❖ Tasse mit Untertasse
❖ Serviette mit Cappuccino-Motiv
❖ Porzellan-Medium
❖ Porzellan-Painter

So wird's gemacht

Die entsprechenden Serviettenteile ausschneiden. Die Tasse und die Untertasse mit
der obersten Serviettenschicht belegen und
mit Porzellan-Medium überziehen. Dafür
einen weichen Pinsel verwenden (siehe
Einbrenntechnik auf Seite 8).

Den Rand mit Porzellan-Painter verschönern
und nach Abwarten der Trocknungszeit die
Gegenstände im Backofen bei 200° C etwa
30 Minuten lang einbrennen.

Sammelmappe

Das wird gebraucht

❖ Sammelmappe

❖ Bastelfarbe in Orange und Gelb

❖ 2 Servietten mit Sonnenblumenmotiv sowie 1 Serviette mit Schmetterlings-motiv

❖ transparenter Mattlack auf Wasser-basis

So wird's gemacht

Die Sammelmappe wird mit orangefarbenen und gelben Pinselstrichen grundiert. Das Sonnenblumenmotiv und die Schmetterlinge exakt aus der Serviette ausschneiden. Die zwei unteren Lagen entfernen.

Die Motive auf der trockenen Mappe platzie-ren und von der Mitte aus mit einem weichen Pinsel anlacken. Nach der Trocknungszeit überziehen Sie die Mappe noch einmal mit Mattlack (siehe Grundtechnik auf Seite 7). Die Mappe ist so besser geschützt, wenn sie oft benutzt wird.

Originelle Ideen mit Dachziegeln

Dachziegel mit Katzenmotiv

Das wird gebraucht

- ❖ Dachziegel
- ❖ kleiner Tontopf
- ❖ verschiedene Bastelfarben, u.a. in Blau und Weiß
- ❖ Serviette mit Katzenmotiv
- ❖ Reißlack
- ❖ Phantomstift
- ❖ Modelliermasse
- ❖ transparenter Klarlack auf Wasserbasis
- ❖ Sprühlack
- ❖ Steinbohrer
- ❖ Trennschleifgerät
- ❖ Heißklebepistole

So wird's gemacht

Als Erstes bohren Sie in den Ziegel ein Loch für die Aufhängung und malen ihn anschließend mit blauer Bastelfarbe an. Nach dem Trocknen geben Sie Reißlack auf den Ziegel und föhnen die Schicht trocken. Nun tupfen Sie mit Hilfe eines Schwamms helle Bastelfarbe über den Reißlack. Es entstehen Risse (siehe hierzu auch Krakeliertechnik auf Seite 7).

Zeichnen Sie den ungefähren Grundriss der Katze mit einem Phantomstift auf den Ziegel und bauen Sie auf die Zeichnung Modelliermasse auf. Danach die Serviette mit Klarlack auf dem Dachziegel fixieren. Sie bedeckt den Ziegel nicht ganz. Im unteren Bereich betupfen Sie die Serviette mit verschiedenen Grüntönen.

Den Tontopf mit dem Trennschleifgerät teilen und krakelieren (zuerst weiß anmalen, dann Reißlack aufbringen, zuletzt mit blauer Farbe übermalen – siehe oben). Platzieren Sie den Topf mit Hilfe der Heißklebepistole auf dem Ziegel.

Die Schrift ist mit weißer Bastelfarbe gemalt. Da der Ziegel für den Außenbereich gedacht ist, überziehen Sie ihn abschließend mit einer Sprühlackschicht.

Dachziegel mit Entenmotiv

Das wird gebraucht

❖ Dachziegel
❖ Pflanztopf
❖ 3 Servietten mit Entenmotiv
❖ Reißlack
❖ Bastelfarbe in Schilf
❖ transparenter Klarlack auf Wasserbasis
❖ Steinbohrer

So wird's gemacht

Als Erstes bohren Sie in den Ziegel ein Loch für die Aufhängung. Den Ziegel sowie den Pflanztopf bearbeiten Sie dann in der Krakeliertechnik, wie in der Anleitung auf Seite 7 beschrieben. Durch die schon in dem Ziegel gefertigten Bohrlöcher ziehen Sie ein Bastband und befestigen damit den Pflanztopf.

Dachziegel für Küchenutensilien

Das wird gebraucht

❖ Dachziegel
❖ kleiner Pflanztopf
❖ Bastelfarbe in Hellblau und Weiß
❖ 2 Servietten mit Ananasmotiv
❖ Reißlack
❖ transparenter Klarlack auf Wasserbasis
❖ Steinbohrer

So wird's gemacht

Als Erstes ein Loch für die Aufhängung boh-
ren und den Ziegel blau anmalen. Nach der
Trocknungszeit streichen Sie den Ziegel mit
Reißlack ein und föhnen ihn trocken. Danach
tragen Sie zügig die weiße Farbe mit dem
Pinsel oder Schwamm auf (siehe auch unter
Krakeliertechnik auf Seite 7).

Im oberen Teil des Ziegels verwischen Sie
mit etwas Wasser und einem Schwamm die
weiße Farbe. Trocknen lassen und dann vor-
gehen, wie bei der Grundtechnik auf Seite 7
beschrieben.

Die schon in dem Ziegel vorhandenen Löcher
benutzen Sie als Aufhängevorrichtung für
den Tontopf. Sie können diesen dann mit
Küchenutensilien, wie Schnüren oder Schere,
füllen.

Kalender

Das wird gebraucht

❖ Dachziegel
❖ Bastelfarbe in Weiß
❖ Serviette mit Fotomotiv
❖ transparenter Mattlack auf Wasser-
  basis
❖ Steinbohrer

So wird's gemacht

Zuerst ein Loch für die Aufhängung bohren
und den Ziegel weiß anmalen. Nach dem
Trocknen trennen Sie die obere Lage einer
Fotoserviette ab. Mit Hilfe eines weichen
Pinsels und Mattlack die Serviette auf dem
Untergrund befestigen. Wenn die Schicht
trocken ist, den gesamten Ziegel mit Lack
überziehen (siehe Grundtechnik auf Seite 7).

Serviettentechnik im Kinderzimmer

Schachtel mit Babyschuhen

So wird's gemacht

Den Deckel der Pappschachtel weiß anmalen und trocknen lassen. Das Unterteil streichen Sie mit der Farbe Ihrer Wahl an.

Die Serviette großzügig ausschneiden und die obere Lage mit Lack auf der Schachtel fixieren. Nach der Trocknungszeit den Rand mit einem Cutter oder einer scharfen Schere abschneiden.

Den Babyschuh noch einmal sauber aus der zweiten Serviette ausschneiden. Das Motiv, wie bei der ersten Möglichkeit für Modelliertechnik auf Seite 8 angegeben, auf die Modelliermasse aufbringen.

Die ausgeschnittene und geformte Modelliermasse mit Lack auf dem Basismotiv fixieren. Wichtig ist, dass die Serviettendetails genau über dem entsprechenden Gegenstück der Basisserviette angebracht werden. Nach etwa 20 bis 30 Minuten ist der Lack getrocknet, aber noch formbar. Mit der Modelliermasse gestalten Sie jetzt mit den Händen oder einem kleinen Gegenstand verschieden hohe Ebenen auf Ihrem Modell.

Tipp

Der Schnürsenkel lässt sich mit Window Color in Kristallklar plastisch gestalten.

Kindertablett

Das wird gebraucht

❖ Tablett
❖ Lamitex-Folie
❖ Serviette mit Bärenmotiv
❖ Phantomstift
❖ wasserfester Filzstift
❖ Kunststoffkleber
❖ Baumwolltuch

So wird's gemacht

Die Lamitex-Folie sowie die Serviette auf die gewünschte Größe zuschneiden. Anschließend die oberste Papierlage mit dem „Gesicht" nach unten auf die raue Seite der Folie legen und das Ganze mit einem Baumwolltuch abdecken. Mit einem Bügeleisen bei mittlerer Temperatureinstellung etwa zwei Minuten fixieren.

Bevor Sie das Motiv auf dem Tablett befestigen, muss die Folie ganz abgekühlt sein.

Schreiben Sie auf ein Stück Folie in Spiegelschrift einen Gruß o.Ä. Sauber ausschneiden und mit Kunststoffkleber auf dem Tablett fixieren. Das Tablett ist feucht abwischbar.

Tipp

Die Buchstaben von vorn mit einem Phantomstift auftragen und auf der rauen Rückseite mit wasserfestem Filzstift nachziehen.

Schultüte

Das wird gebraucht
- ❖ Schultüte
- ❖ Serviette mit Foto- sowie Katzenmotiv
- ❖ Folie
- ❖ Windradfolie
- ❖ Window Color in Kristallklar und Weiß
- ❖ Fun Line Glitter
- ❖ Heißklebepistole

So wird's gemacht

Bei diesem Objekt wird das Foto-Servietten-motiv mit Window-Color-Kristallklar auf der Folie fixiert (siehe Window-Color-Technik auf Seite 9).

Die Kätzchen in der Mitte werden mit Lack auf einem Stück Windradfolie befestigt, nach dem Trocknen mit weißer Farbe hintermalt und mit Hilfe der Heißklebepistole auf die Schultüte aufgebracht.

Zum Schluss verzieren Sie die Schultüte mit Fun Line Glitter.

Puppenbett

Das wird gebraucht

- ❖ Puppenbett aus Holz
- ❖ passende Bettwäsche
- ❖ Bastelfarbe in Weiß, Hellblau und Dunkelblau
- ❖ Serviette nach Wahl
- ❖ transparenter Klarlack auf Wasserbasis
- ❖ Reißlack
- ❖ Fun Liner Magic
- ❖ Textil-Medium
- ❖ Baumwolltuch

So wird's gemacht

Das rohe Holzbett mit weißer Bastelfarbe anstreichen und trocknen lassen. Die oberen Ränder werden hellblau angemalt. Diese ebenfalls trocknen lassen.

Nun die obere Lage der ausgeschnittenen Serviette mit Klarlack auf den Bettseiten fixieren, dabei von der Mitte aus nach außen streichen.

Als Nächstes Bettpfosten dunkelblau anmalen. Nach dem Trocknen mit Reißlack versehen und diese Schicht trocknen lassen. Danach

mit weißer Farbe krakelieren. Verwenden Sie dafür einen Schwamm (siehe Krakeliertechnik auf Seite 7).

Anschließend überziehen Sie das gesamte Bett mit Klarlack. Die Details auf den Bettpfosten mit Fun Liner Magic gestalten.

Zur Verzierung der Bettwäsche wird Textil-Medium verwendet. Zuerst Textil-Medium großzügig auf die Wäsche streichen, danach die obere Schicht der ausgeschnittenen Serviette auf den feuchten Untergrund legen und mit Textil-Medium überziehen.

Lassen Sie den Stoff gut trocknen. Anschließend bügeln Sie ihn von vorn bei Baumwolltemperatur etwa drei Minuten lang. Vorher mit einem dünnen Tuch abdecken (siehe hierzu auch Bügeltechnik auf Seite 7). Die Puppenmutter kann die Wäsche von Hand und mit Feinwaschmittel waschen.

Kinderstuhl

Das wird gebraucht

❖ Kinderstuhl
❖ Bastelfarbe in Weiß
❖ Serviette mit Teddymotiv
❖ transparenter Klarlack auf
  Wasserbasis

So wird's gemacht

Den Kinderstuhl können Sie farbig kaufen oder mit Lack überziehen.

Den Sitz mit weißer Farbe anstreichen und trocknen lassen. Die obere Schicht der Serviette mit Klarlack auf dem Stuhl fixieren und nach dem Trocknen nochmals mit Lack überziehen (siehe Grundtechnik auf Seite 7).

Kinderbecher für die Party

Das wird gebraucht
- ❖ Bunte Plastikbecher
- ❖ Servietten nach Wahl
- ❖ Window Color in Kristallklar und in Weiß
- ❖ Folie

So wird's gemacht

Gehen Sie bei diesem Modell so vor, wie bei der Schultüte auf Seite 41 bzw. unter Window-Color-Technik auf Seite 9 beschrieben. Allerdings verwenden Sie hier als Untergrund nicht Window Color in Kristallklar, sondern Window Color in Weiß.

Nach dem Planstreichen und 20 Minuten Wartezeit legen Sie die obere Lage des Serviettenmotivs auf die Farbschicht und überziehen diese mit Kristallklar. Nach 24 Stunden Trocknungszeit schneiden Sie die Motive aus. Da die Motive weiß hintermalt sind, können sie problemlos auf farbige Unterlagen aufgebracht werden.

Tipp

Jedes Kind bekommt seinen Becher nach der Party mit nach Hause. Die Motive können vom Becher gelöst und z.B. ans Fenster oder auf Kacheln im Bad usw. „geklebt" werden.

Teddy mit Herz

Das wird gebraucht

- Pappdose
- Medaillons in Herzform und rund (Acrylformen)
- Baumwolltasche
- Holzrahmen
- Servietten mit Teddymotiv
- transparenter Mattlack auf Wasser-basis
- Bastelfarbe in Blau, Hellblau, Rot, Grün, Weiß und Gelb
- transparenter Bastellack
- Textil-Medium
- Fun Liner Magic
- Bogen Papier (80–100 g/m²)
- Silikon

So wird's gemacht

Dose

Schneiden Sie das Teddymotiv großzügig aus der Papierserviette aus, trennen Sie die obere Lage vorsichtig ab und fixieren Sie das Bild mit einem weichen Pinsel auf dem Dosen-deckel (siehe Grundtechnik auf Seite 7).

Nach der Trocknungszeit schneiden Sie die überstehende Serviette mit einem Cutter oder einer kleinen Schere sauber ab. Danach bemalen Sie mit Bastelfarbe den Rand des Deckels. Das Unterteil der Dose malen Sie weiß an. Deckelrand und Unterdose überziehen Sie mit Bastellack.

Zur Verzierung der Dose nehmen Sie Fun Liner Magic. Zum Aufplustern benutzen Sie einen leistungsstarken Föhn oder den Backofen (etwa 20 Sekunden bei 150° C).
Die Anleitung für die Stofftasche finden Sie auf Seite 54, diejenige für die Medaillons auf Seite 51.

Bild

Das Modell wird in der Schichttechnik, wie auf Seite 9 beschrieben, hergestellt.

Tipp

Bemalen Sie ein kleines rohes Holzstativ passend zum Bild mit Bastelfarbe.

Kinder-schürze

Das wird gebraucht

❖ Kinderschürze
❖ verschiedene Servietten
❖ Textil-Medium
❖ Fun Liner Glitter
❖ Fun Liner Magic
❖ Plastikfolie
❖ Baumwolltuch

So wird's gemacht

Die Schürze zuerst waschen und bügeln. Dann Plastikfolie unterlegen, den Stoff satt mit Textil-Medium grundieren, die oberste Lage der Serviette auf den feuchten Stoff legen und etwas andrücken. Textil-Medium über den Rand hinaus auftragen, trocknen lassen und mit dem Bügeleisen fixieren (siehe auch Bügeltechnik auf Seite 7).

Danach die Schürze mit Fun Liner Glitter verzieren. Diesen drei Minuten lang mit einem Tuch dazwischen von vorn mit dem Bügeleisen plätten. Danach mit Fun Liner Magic die Schürze bunt verzieren. Nach der Trocknungszeit diese mit einem leistungsstarken Föhn oder im Backofen bei 150° C etwa 10 bis 20 Sekunden aufplustern.

Untersetzer

Untersetzer mit Tulpenmotiv

Das wird gebraucht

- ❖ Holzteller
- ❖ Serviette mit Tulpenmotiv
- ❖ Bastelfarbe in Bordeaux und Weiß
- ❖ Reißlack

So wird's gemacht

Hier ist Krakelieren mit einem Pinsel und viel weißer Farbe angesagt (Anleitung siehe Krakeliertechnik auf Seite 7).

Untersetzer mit Efeumotiv

Das wird gebraucht

- ❖ Holzteller
- ❖ Serviette mit Efeumotiv
- ❖ Bastelfarbe in Silber und Vanille
- ❖ Reißlack

So wird's gemacht

Bei diesem Objekt wird mit einem Schwamm und wenig Farbe krakeliert (Anleitung siehe Krakeliertechnik auf Seite 7).

Glückwunschkerze

Das wird gebraucht

- ❖ Kerze
- ❖ Serviette mit Irismotiv
- ❖ transparenter Mattlack auf Wasserbasis
- ❖ Aufkleber

So wird's gemacht

Auch bei diesem Modell wird das Serviettenmotiv ausgeschnitten, die oberste Lage abgenommen und mit Lack auf der Kerze angebracht. Das Motiv von der Mitte aus mit Lack ausstreichen (siehe Grundtechnik auf Seite 7). Zum Schluss mit Aufklebern versehen.

Tipp

Die Kerze nie unbeaufsichtigt brennen lassen.

Medaillons und Steine

Medaillons

Das wird gebraucht

- ❖ Medaillons, 9 cm Ø (Acrylformen)
- ❖ verschiedene Servietten
- ❖ transparenter Klarlack auf Wasserbasis
- ❖ Bastelfarbe in Weiß

So wird's gemacht

Aus verschiedenen Servietten kleine Motive ausreißen. Die Serviettenmotive müssen in die zwei Hälften des Medaillons passen.

Die Motive in das Medaillon legen (nur die oberste Lage verwenden) und mit Hilfe eines weichen Pinsels Klarlack auftragen. Das Medaillon nicht unterlacken, sonst wird die Serviette kraus. Das Ganze trocknen lassen und nach etwa 20 bis 30 Minuten das Medaillon mit weißer Farbe ausmalen.

Steine mit Frühlingsmotiven

Das wird gebraucht

- ❖ Steine
- ❖ Bastelfarbe nach Wahl
- ❖ verschiedene Servietten mit Frühlingsmotiven
- ❖ transparenter Klarlack auf Wasserbasis

So wird's gemacht

Grundieren Sie die Steine farblich passend zu Ihrer Serviette und lassen Sie die Stücke etwa 20 bis 30 Minuten lang trocknen. Dann schneiden Sie das Serviettenmotiv aus, legen die obere Serviettenlage auf den Stein und fixieren diese mit Lack. Verwenden Sie für diesen Arbeitsgang einen weichen Pinsel.

Das Ganze trocknen lassen und den Stein noch einmal mit Lack versehen (siehe auch Grundtechnik auf Seite 7).

Stein mit Raupen

Das wird gebraucht

❖ Stein
❖ Serviette nach Ihrer Wahl
❖ Fun Liner Magic

So wird's gemacht

Der Stein ist naturbelassen. Das gewünschte Serviettenmotiv darauf platzieren und mit Lack fixieren (siehe Grundtechnik auf Seite 7). Nach der Trocknungszeit mit Fun Liner Magic kleine Raupen auftragen und etwa 4 Stunden trocknen lassen. Mit Hilfe eines leistungsstarken Föhns oder im Backofen reliefartig aufplustern.

Tipp

Mit einem wasserfesten Filzstift lassen sich Schriftzüge auf dem Stein anbringen.

Einkaufstaschen

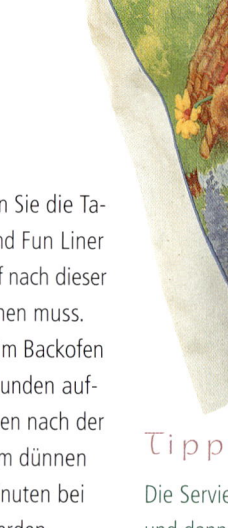

Das wird gebraucht

❖ Baumwolltasche
❖ Serviette nach Ihrer Wahl
❖ Textil-Medium
❖ Fun Liner Glitter
❖ Fun Liner Magic
❖ Baumwolltuch

So wird's gemacht

Waschen Sie zuallererst die Appretur aus der Tasche, bügeln Sie den Stoff und verfahren Sie anschließend, wie unter Bügeltechnik auf Seite 7 beschrieben.

Nach der Trocknungszeit verzieren Sie die Tasche noch mit Fun Liner Magic und Fun Liner Glitter. Beachten Sie, dass der Stoff nach dieser Behandlung sechs Stunden trocknen muss. Die Fun-Liner-Magic-Schicht wird im Backofen bei 150° C in etwa 10 bis 20 Sekunden aufgeplustert. Die Glitterfarben müssen nach der Trocknungszeit von vorn mit einem dünnen Tuch abgedeckt und etwa drei Minuten bei Baumwolltemperatur gebügelt werden.

Tipp

Die Serviette oben am Taschenrand anlegen und dann Stück für Stück nach unten arbeiten.

Laterne mit Katzenmotiv

Das wird gebraucht

- ❖ Fertiger Laternenzuschnitt
- ❖ Laternenfolie
- ❖ Serviette mit Katzenmotiv
- ❖ transparenter Klarlack auf Wasserbasis
- ❖ Glitterpulver in Silber
- ❖ Fun Liner Magic in Weiß
- ❖ doppelseitiges Klebeband

So wird's gemacht

Auf der milchigen Laternenfolie fixieren Sie von der Mitte aus die oberste Lage der Serviettenmotive mit Klarlack. Den Rest der Folie ebenfalls lacken und in diese Schicht Glitterpulver streuen. Das Ganze gut trocknen lassen.

Einige Motive mit Fun Liner Magic reliefartig erhöhen und den Laternenrohling mit doppelseitigem Klebeband ausrüsten. Danach die Schutzfolie abziehen und die fertige Laternenfolie in die Ausschnitte des Rohlings kleben. Die Laterne zusammenstecken.

Kerze mit Fotomotiv

Das wird gebraucht
❖ Dicke Kerze
❖ Serviette mit Fotomotiv
❖ transparenter Mattlack auf Wasser-
   basis
❖ Wachsbänder

So wird's gemacht

Die Serviettentechnik boomt regelrecht. Sie
finden immer wieder neue Serviettenmotive
im Handel. Der Clou: Man kann sich anhand
eines Fotos sogar ganz individuelle Servietten
herstellen lassen (Adresse siehe auf Seite 64).

Auch hier das Oberteil der dreilagigen Serviette abziehen und mit Mattlack auf der Kerze
anbringen (siehe Grundtechnik auf Seite 7).
Die Kerze zum Schluss mit Wachsbändern
verzieren.

Tipps

Die Serviettentechnik eignet sich nur für
dickere Kerzen.

Die Kerze nie unbeaufsichtigt brennen lassen!

Es weihnachtet sehr

Dose mit Nikolaus

Das wird gebraucht

❖ Pappdose
❖ Bastelfarbe in Weiß
❖ Serviette mit Nikolausmotiv
❖ transparenter Klarlack auf Wasserbasis
❖ Fun Liner Magic in Weiß
❖ Window Color in Kristallklar

So wird's gemacht

Zuerst die ganze Serviette auf der weiß gestrichenen Dose mit Lack fixieren (siehe Grundtechnik auf Seite 7). Nach dem Trocknen Haare, Augenbrauen, Bart und Mützenbommel mit Fun Liner Magic übermalen und mit dem Föhn oder 10 bis 20 Sekunden im Backofen bei 150° C aufplustern.

Weihnachtsbild im Rahmen

So wird's gemacht

Das Modell wird in der Schichttechnik, wie auf Seite 9 beschrieben, hergestellt.

Weihnachtsteddy im Spielzeugland

So wird's gemacht

Bei diesem Bild bügeln Sie die obere Schicht der Serviette auf ein mit Mattlack überzogenes Papier (siehe auch erster Teil unter Schichttechnik auf Seite 9). Den Teddyfuß lassen Sie über den Rand baumeln.

Um einige Details plastisch hervorzuheben, benötigen Sie Window-Color-Farbe Kristallklar. Diese ist nach 24 Stunden Trocknungszeit transparent und fest.

Kartengrüße selbst gemacht

Das wird gebraucht

❖ Karten
❖ verschiedene Servietten
❖ Fun Liner Glitter in Silber
❖ Fun Liner Magic
❖ festes Papier
❖ transparenter Mattlack auf Wasserbasis

So wird's gemacht

Fixieren Sie die oberste Lage der Serviette mit Mattlack auf der Karte. Verwenden Sie dafür einen weichen Pinsel (siehe Grundtechnik auf Seite 7). Trocknungszeit abwarten und danach die Karte mit Fun Liner Glitter und Fun Liner Magic verzieren.
Das Ganze etwa sechs Stunden trocknen lassen.

Tipp

Sie können die Karte an der Luft trocknen lassen oder für einige Sekunden in den auf 150° C vorgeheizten Backofen legen. Es ist auch möglich, die Farben mit Hilfe eines leistungsstarken Föhns reliefartig aufzuschäumen.

Dose mit Schneemann

Das wird gebraucht
❖ Pappdose
❖ Bastelfarbe in Weiß
❖ Serviette mit Schneemann-
   Motiv
❖ transparenter Klarlack auf Wasser-
   basis
❖ Fun Liner Magic in Weiß

So wird's gemacht
Zuerst die Serviette auf der weiß gestrichenen Dose mit Lack fixieren (siehe Grundtechnik auf Seite 7).

Nach dem Trocknen die Modelliermasse ausrollen (siehe hierzu auch Modelliertechnik auf Seite 8). Schneiden Sie den Bauch des Schneemanns aus und legen Sie die oberste Serviettenlage auf die Modelliermasse. Diesen Körperteil ausschneiden, dann mit Lack bestreichen und trocknen lassen. Die Modelliermasse auf die Basisserviette legen. Alles erneut mit Lack überziehen.

Zum Schluss mit Fun Liner Magic Schneeflocken zur Verzierung auftupfen und mit Hilfe eines Föhns aufplustern.

Adventskalender

Das wird gebraucht

- Rahmen
- Serviette mit Nikolausmotiv
- transparenter Klarlack auf Wasser-
  basis
- Bogen Papier (80–100 g/m²)
- Backpapier
- Silikon
- 12 Rundhaken
- Bastelfarbe in Rot
- Bänder in Rot
- 24 kleine Pakete
- Fun Liner Magic
- Aufkleber

So wird's gemacht

Das Bild wird in der Schichttechnik, wie auf Seite 9 beschrieben, hergestellt.

Den Sternenhimmel sowie Pelz und Bart des Nikolaus erhöhen Sie mit Fun Liner Magic.

Zum Schluss zwölf Rundhaken in das Holz bohren. Diese sowie den Rahmen mit roter Bastelfarbe bemalen und Bänder durchziehen. Dann 24 kleine Pakete an die Bänder hängen und auf die Päckchen mit Fun Liner Magic die Zahlen von 1 bis 24 auftragen. Mit einigen Aufklebern verzieren und schon kann der Adventskalender platziert werden.

Medaillon mit Weihnachtsmotiv

Das wird gebraucht

❖ Medaillon, 9 cm Ø (Acrylform)
❖ Serviette mit Weihnachtsmotiv
❖ transparenter Klarlack auf Wasser-
  basis
❖ Bastelfarbe in Weiß
❖ Fun Liner Magic in Weiß
❖ Glitter

So wird's gemacht

Schneiden Sie das gewünschte Motiv aus, trennen Sie die oberste Lage ab und legen Sie die Motive in die Medaillonshälften. Mit dem Daumen festhalten und mit Hilfe eines weichen Pinsels Klarlack auftragen. Das Motiv nicht unterlacken, sonst wird die Serviette kraus. Nach der Trocknungszeit von etwa 20 bis 30 Minuten malen Sie mit weißer Farbe die Innenseite des Medaillons aus. Nach der Fertigstellung die Hälften zusammengesetzten.

Für die Außendekoration betupfen Sie es mit dem Fun Liner Magic und streuen etwas Glitter ein.

Weihnachtskranz

So wird's gemacht

Nachdem Sie die Serviette auf das Papier gebügelt (siehe auch erster Teil unter Schichttechnik auf Seite 9) und die Trocknungszeit abgewartet haben, setzen Sie Punkte mit Fun Liner Magic. Diese dann mit dem Föhn aufplustern. Einige Teile werden mit Window Color in Kristallklar erhaben gearbeitet.

Tipp

Das Stativ in derselben Farbe wie den Rahmen anmalen. Beide Teile nach der Trocknungszeit mit Mattlack überziehen.

Dankeschön

Autorin und Verlag danken den Firmen
Marabu-Werke GmbH & Co., Tamm
Ihr Servietten, Essen/Oldenburg
Lyra, Nürnberg – Firma Eilers, Varel
Firma Kunst & Kreativ, Schumacher & Hader
GmbH, Heide (Fotomotive)
Firma Ludwig Bähr GmbH & Co. KG, Kassel
Herrn Otto Focke, Cremlingen.

Für die freundliche Unter-
stützung ein ganz per-
sönliches Dankeschön
an Frau Susanne Hinrichs,
Helga Hoffmann, Yvonne
und Hannes.

Serviettennachweis

Verliebte Frösche: IHR; Lampenschirm: IHR;
Teller, Vase, Tischdecke: IHR; Magnolientopf:
IHR; Glasteller: IHR; Kerzenhalter: IHR; Früh-
lingsfrische: Ambiente; Blechvase: IHR; Ur-
laubserinnerungen: IHR; Blumendose: IHR;
Erdbeere: IHR, Schachtel mit Rosenmotiv:

Fasana Edition; Cappuccino: IHR; Sammel-
mappe: IHR; Dachziegel Katze: IHR; Dachzie-
gel Entenmotiv: IHR; Dachziegel Küche: IHR;
Kalender: Kunst & Kreativ (s. Dankeschön);
Babyschuhe: IHR; Kindertablett: IHR; Schul-
tüte: Kunst & Kreativ, IHR; Puppenbett: IHR;
Kinderstuhl: IHR; Teddy mit Herz: IHR; Kinder-
schürze: u.a. IHR; Untersetzer mit Efeu: IHR;
Glückwunschkerze: IHR; Medaillons: vers.
Blumenmotive IHR; Einkaufstaschen:
IHR, Stewo Classic; Laterne: IHR,
Kerze mit Fotomotiv: Kunst &
Kreativ; Dose mit Nikolaus: IHR;
Weihnachtsbild im Rahmen: IHR;
Weihnachtsteddy: Atelier; Karten-
grüße: IHR; Schneemann: Vielseidig;
Adventskalender: IHR; Weihnachts-
kranz: IHR.

Fotografie: Annette Hempfling, München
Lektorat: Susanne Gugeler, Mering
Umschlagkonzeption: Kontrapunkt, Kopenhagen
Umschlaglayout / Herstellung: Jörg Alt
Layout: Anton Walter, Gundelfingen

AUGUSTUS VERLAG, München 2002
© Weltbild Ratgeber Verlage GmbH & Co. KG.

Satz: Gesetzt aus 9,5 Punkt Frutiger Light Condensed
von DTP-Design Walter, Gundelfingen
Reproduktion: Repro Ludwig, A-Zell am See
Druck und Bindung: Appl, Wemding

Gedruckt auf 150 g umweltfreundlich elementar
chlorfrei gebleichtes Papier.

ISBN 3-8043-0980-1

Printed in Germany